JN409085

오석란 시집 · II

지성 · 감성의 메타언어
조선문학시인선 · 359

오석란 시집 · II

조선문학사

■ 책머리에

세 번째 방에서 나오니
가까이 둘러쳤던 병풍은
원거리로 달아나고
세 개의 높은 산이 되어 있었다.
지금은
이 세 개의 방에서
네 번째 방으로의 이동을
꿈꾼다.

가스통 바슐라르
촛불의 미학(美學) 그리고
시인(詩人)이라는 얇은 시지(詩誌)가
있었다.
일 년이 안 가서 절판되었던…….

내가 오늘
그 책을 손에 넣었다.
촛불을 관찰했었다.
겉불꽃
속불꽃
그리고 심지
이런 짓을 하고 있었다.

촛불을 거울 앞에 켜놓고 1초를
흔들리지 않고 누르고 있다가 뗀다.

거울 앞에 앉아
자기 자신을 찍을 수 있다.
위와 같이

2014년 초하
오석란

오석란 시집 · II 차례

제1부
개포동(開浦洞) 시편

제2부
미혹(迷惑)의 계절

제3부
2014. 4,

제4부
형안(炯眼)의 눈빛[眼光]

제5부
시집 평설

제1부

개포동(開浦洞) 시편

규시벽(窺視癖)

좁은 틈새로 밖을 엿보는
규시벽(窺視癖)

세상의 바깥과 내면을 연결하는
유일한 창문으로
세상을 되도록 넓게 보려는
호연지기와 대로행을
실현하려던 꿈

따다가 놓은 과일도
며칠이면 시들시들하고 검은 점이 찍힌다
날로 시드는 육신에도
검은 점들이 생기니
원래 불량품이었나

맑았던 창이 흐려지더니
볼록렌즈 사이에 두고
세상을 좁게 보는
규시벽(窺視癖)이 되었다

불꽃놀이

청량한 가을날 한강변에서
불꽃놀이 화려하게 터지고 있다
찬란하게 수놓고 사라지는 불꽃
솟구쳐 올라 거대한 꽃으로
피어나는 절정
강줄기 흘러가는 둔덕에서
넋 잃고 바라보는 저 사람들
우리 모두의 인생에 꽃처럼 피는
그 절정을 보고 싶은가
알 수 없는 그 순간을 알려주는 듯
무수히 피고 지는
한때의 불꽃

버려야 얻는 것

허망한 꿈과
냉철한 현실이
밤낮으로 교차되는 삶

붙잡아야 할 것이라는
잘못된 집착과
버리지 못하는 탐욕

처음엔 누구나 그랬을까

맑은 하늘을 이고서
뿌리는 진흙탕물에 내리고 있어도
꽃으로 피어 우아한 아름다움 주고
뿌리, 열매, 잎 그 어느 것도 남김없이
다 주는 연꽃

그 삶을 닮아가면
허망한 꿈도 버릴 수 있고
가진 것 없이도
나눌 수 있는 여유를 배우지 않을까

어느 날 아침에

특별할 것 없는 어느 아침
문틈을 비집고 들어오는 소음들로
정적은 낭떠러지 아래로 사라진다
언제 시작되었는지는 모르지만
그저 무엇인가, 누구인가, 어느때인가
기다리고 있는 것
세월을 기다림인가
이 아침에도
그 기다림은 이어지고
언젠가는 기다림의 귀착지에 서게 될까
아침마다 새로운 마음으로
찾아가는 그곳
그 이상한 힘이 벌써
내 안에 채워져 있다

빈 방

오래 전부터 비워두었던 빈 방
문을 열고 들어선다
여기저기서 쏟아지는
불편한 주시
방안의 물건들이 나를 본다
벽에 걸려있는 시간에
나와 눈이 마주친다
무표정한 나도 조금 놀라
그를 본다
그가 말한다
마음속에도 빈 방을 하나 만들어요
여유롭고 자유로운 마음속 빈 방에
행여 부질없는 것들
채우지 말아요

기억

찻잔 위에 감도는 차향처럼
아른거리며 찾아온다

거리에 스치는 무수한 발걸음들
쏟아지던 세찬 빗줄기도
지울 수 없다

때때로 거리를 울리는
사이렌 소리에 무너지는 정적
이 순간에도
머릿속 한 켠을 차지한 뚜렷한 기억들
서로 뒤엉켜 앞뒤를 가릴 수 없지만

문득
가슴 텅 빈 듯 허전한 날
어떤 기억에서 벗어나
산들바람처럼 가볍고 싶다

다시 아침을 맞아

아침이 밝아오기 전부터
시간은 안단테 템포

행복은
시간 순서와 반비례한다

노비나역 풍경은
불과 몇 년 사이에
너무나 다르다

마천루 사이에
숨 쉬듯 앉아있는
노자(老子) 사당에서는
연무처럼 감도는 향 피우는 연기
구름되어

햇살이 옛날처럼 쏟아지는
노비나에는
신선(神仙)님들도 함께였다

※ 노비나 : Singapore의 한 지역이름.

낙조를 보다

고도를 높여 얼마만큼 올라가면
지구의 상공에서
낙조를 본다

눈앞에 펼쳐진
최신 영화보다도
더 눈길 사로잡는
낙조

비행기에서 보는
눈물겹도록 아름다운 낙조가
황혼빛의 옷을 끌고 가는
마법사의 모습은
흑과 백으로 나누어 놓고
올라갈수록 짙어지는 푸르름

그리고
지구 표면에 짙게 깔린

어둠
나는 어두움의 일부일까

우리는 모두
빛의 지향점(指向點)을 쫓고 있다

숲의 향기가 날아드는 도시
- Singapore

이 도시는
잠들지 않고도 꿈을 꾼다

지열이 사그라드는 오후에도
차들은 쉬지 않고
도심으로
도심으로 모여든다

내일과 오늘의 경계를
허물어뜨린 도시는
어두움을 몰아내고

물을 뿜어내며
머언 별빛을 잊지 못하는
이 도시에
숲의 향기가 날아든다

언제나 꽃 피고
새소리 청아한 숲은
이제 더 이상
제 꿈을 잃지 않는다

잃는 것이 얻는 것이다

나는 아주 많은 것들을 잃었다
버렸다

잃는 순간
내려 놓는 순간

더 크고
빛나는 것들을
가슴에 품을 수 있다

얻는 것과 잃는 것은
동의(同意)
이음어(異音語)다

그 새소리를 듣다

허공 위로 날아오르는
그 새소리
아득히 먼
어느 열대우림을 지나 왔을까

조금은 보채는 듯
조금은 억울한 듯

자꾸만
뒤돌아보게 하는
이름 모르는 열대의 새
……
……
그 소리

유리 절벽

밀어도 밀리지 않고
당겨도 끌려오지 않는다

저기 절벽 같은 담장 앞에서
길을 잃은 군상(群像)들이
마주보는
유리 절벽

보려는 사람은 없어도
다 들여다보이는
그러나
몸짓만 남아있는
벽 너머의 판토마임

누군가 이 절벽에다가
문(門)을 그려 놓은걸까

보아도 보는 것이 아닌
들어도 듣는 것이 아닌
유리 절벽 안과 밖의
절규

고소공포증(高所恐怖症)

불안(不安)인가
불신(不信)인가

딛는 순간
와르르 추락할 것 같은

번지점프 로프에
대롱대롱 매달린 채
고도의 긴장감과
쾌감을 즐기는 족속들은
절대로 알 수 없는

그것 또한
고도의 긴장감이다

고층 빌딩숲

눈앞에 펼쳐진
막대그라프들

인간들이 고향을 떠나서
원시의 삼림(森林) 속으로
이주(移住)했다

늘 지적(知的) 허기증에 시달리고
축제(祝祭)의 화려함 속에서
몸부림치는
나르시소스의 후예들이

서로의 필요충분조건을 향해
만들어내는
신(新) 인간 사파리

여객선 터미널에 서서

옛시인의 시구처럼
나도 항구에 서 있다

어선들이 들락거리는
비린내 나는
삶의 향내는
찾을 수 없지만

저마다 가슴에 품은
낭만이야 없겠는가

화려한 옷을 입은 여객선 위로
높고 낮게 날아드는
물새들의 무도(舞蹈)는

떠나가는 이들의
환송 무도회

어디선가 불어오는 해풍에
파도는 잔잔히 부서지는데

갈 곳이 없는 나는
저들의 여행길을 위하여
손 흔들고 서 있었다

창 밖에 서 있는 그

창 밖에 서 있는 사람을
마주보고 서 있습니다

무언(無言)의 표정으로
창문을 두드립니다

문 열면
달아나버리는 그는

매일 밤
창을 사이에 두고
나와 이야기하고 싶어 합니다

바람도 그를
날리지 못하고
그 어떤 역사(力士)도
끌어내지 못합니다

나는
매일 밤마다
그를 만나
그의 이야기를 들어주려 합니다

그러한 나의 노력에도
소통할 수 없는 그는
누구일까요

내 속이 시끄러울 때

내 안이 시끄러울 때
밖의 소리가 안 들리고
내 안이 고요하면
밖의 소리가 들린다

소리도 모자라
날아가는 전파까지 잡느라
세계가 모두
한통속이다

오늘
오동잎 흔들리는 그 미세함을
누가
눈여겨 볼까

자살 전성시대

스스로 목숨을 끊다
자살(自殺)
권리인가 선택인가

개포동에 부는 바람

개포동에 부는 바람은
언제나
폭풍우 같은 소리를 낸다

바람 속으로 잠입하면
풍선처럼 부풀어
온몸이 터질 것 같다

지향점(指向點)을 잠시 잃은 나는
망설인다
이정표 없는 거리에서
또
길을 잃는다

그 어느 날의 단상(斷想)

나는 때때로
단세포 동물이고 싶다

혹은
하얀 이를 드러낸
야성(野性)이고도 싶다

혼자가 둘보다 덜 외로운 날
어디까지
지치도록 걸어가야
이 길은 끝나는지
알 수 없는 나는
또
길을 나선다

제2부

미혹(迷惑)의 계절

미혹(迷惑)의 계절

꿈속에서도 꿈을 꾸는
미혹(迷惑)의 계절

그대 눈동자에 그려진 나는
허상인가
실상인가

그대여
나에게서 그대를 보려하지 말고
그저
나이기를 기도하라

황혼(黃昏)녘

어디에쯤 갔을까
해가 이리도 짧은 것은
겨울
입동 지난 오동나무는
옷을 벗는다

여명을 보리라 올라온 언덕
햇빛인 듯 불빛인 듯
여명에 달빛이 그림자를 던지는데

부스스 선잠 깬 밤부엉이 소리
비낀다

문화(文化)의 추

문화(文化)는 그 스스로 흐른다
높은 곳에서 낮은 곳으로

그러나
그 스스로 중심을 잡을 수 없다

문화의 추는 시계추처럼
중심에서 좌(左)로
또 우(右)로
움직인다

문화는 물처럼 흐르기에
오늘 서울 거리에
염색, 탈색의 두발이나
과다노출의 의상 등이
다만 아날로그 시대와
디지털 시대의 차이일 뿐이다

우(雨)요일의 동네 풍경

골목과 골목 사이
언덕 꼭대기마다
고층 건물로 가득하다

비, 빗소리 뒤따르는
천둥, 번개

깜빡이던 가로등마저
돌아서는데

빗길 밟고 가는
시내버스의
무시로 울리는 경적음만이
이 아침의 고요를 흔들고 있다

긴 여름

소낙비가 쏟아진다
천지분간도 어려운 빗길을
초록들이 젖고 있다

비를 피하는 것은
영혼을 가진 모든 것일까
피할 수 없는
초록의 영혼들은
비에
젖고 있다

매일 숨지는 태양

매일매일 서산 노을을 뿌리면서
숨지는 태양
그 놀을 끌고 와서
춤추는 지구는
독한 술에 취한다

저 태양의 흑점(黑點)으로부터
살아나는
어두움의 신(神)들은
그들의 신전(神殿)을 떠난다

지구에는
두 개의 사다리가 놓이고
강한 불꽃을 쏘아올린다

마야 잉카의 후손들이
그들의 신(神)을 따라
걸어가던 신전(神殿)

다른 한쪽엔
빙하의 속에서 얼음축제가 한창이다

다시
부활하는 태양
두 개의 사다리는
허망한 꿈을 접는다

플라타너스와 그해 여름

높은 건물에서
아래를 보고 있었다

플라타너스, 그
진초록, 연두의 음영(陰影)이
틈도 없이 무성하다

이른 봄, 이 나무 높은 가지에
둥지를 튼 까치 한 쌍이
살림을 내보낼 새끼를 키우고

머언 산 뻐꾸기 노래 들리는
이곳에
소낙비는 내리고
시시각각 변하는 나뭇잎 사이로
촘촘히 빗줄기가 박혀들고 있었다

인생, 그 이순(耳順)에 쓰는 넋두리

손창섭※의 혈서(血書)처럼
20대의 인생은
선택과 권리, 그리고
갈등이었다

이순(耳順) 지난 나는
나 자신에게 묻고
또, 저항한다

알 듯 말 듯 모르겠고
모르면서도 다 알 것 같은

인생은 아직도 내게
알 수 없는 세헤라자드※와
그의 이야기

※ 손창섭 : 전후(戰後) 소설가.

※ 세하라자드 : 천일야화의 주인공.

8월, 그리고 우리

도봉산 인수봉같이
저항할 수 없는 높이로
다가와
가까이 서 있는 우리

빗물이 마를 새 없이
쏟아진다

8월의 하늘에는
알알이 영그는 곡식들
함성이 가득한데

어디서 와서 어디로 가는지
그 길에 서로 만난
우리가

이제는
가까이도 멀리도 아닌
한 두 발짝 옆으로
비켜서서
바라보아야 할까

수신자 없는 편지(片紙)

우리집 작은 꽃밭에
해바라기 세 송이 피어있다

어느 건물 옥상에
작은 화단 한 귀퉁이에
싹터 자란 노란 꽃

8월은 거친 숨을 고르는데
싹이 날 때부터
휘어 등지고 있던
한 송이를 위하여

수신자 없는 편지(片紙) 한 장
띄운다

땅거미 질 때

한 무더기의 허무가
서산 너머로 사라지고
노을조차 숨죽인 어스름 저녁

좋은 꿈이라도 꾸려는 걸까
벌써부터 부산한
까치소리, 비둘기소리
멎어 있다

사방으로 스며드는 어스름의 그림자
서둘러 귀가하는 차량의 불빛이
젖은 포도(鋪道)에 깔린다

눈앞을 비껴가는
노을의 빗소리
도시의 밤을 향하여

걸어가고 있다

빗물

하늘에서
메마른 대지를 숨쉬게 하려
비는
내리고

어디인가
낮은 곳으로, 낮은 곳으로 흘러
맑은 샘물로
되돌아 온다

시간의 일직선상에서
시간의 존재를 초월하여 가는
비

발원(發源)을 알 수 없는
우리는
맑은 샘물이 되고 싶다

바람은 내게

바람이 가는
그 행로(行路)를 따라
바람은 산에서 내려오고
바람은 들판을 헤매고
바람은 옷깃에도 머문다

바람은 바람이 아니다
바람은 그저
노란 나비 날개의
몸짓

바람은 모음(母音)이다
바람은
내게 말한다
나는 기류(氣流)일 뿐이라고
……
……

사람 그 미묘함에 대하여

차례대로 왔다가
순서없이 사라지는

그
시원(始源)을 알 수 없는
내가
나를 보고 있다

이리저리 생각해도
단초(端初)를 알 수 없는
미로찾기 게임

나는
한 개의 연결고리
하나의 물음표

라일락꽃

라일락꽃 피는 먼 훗날
꽃향기 머금은 소녀가
여인의 향기를 뿌리는
오후

나뭇잎 속에 숨어있던 꽃씨가
떨어진다
그들과 그들의 향기
한아름 안고 온
꽃

평행선

일정한 거리를 두고
교차하지 않는 두 개의 평행선
그 절대의 거리감

열차는
그의 무게로
평행선 위를 누르면서
지나가지만
만날 수는 없다

늘 함께 가는 길
그러나
만나서도 교차해서도 안되는
길

질량 불변의 법칙

그는 나날이 배가 나오고
나는 나날이 야위어간다
그와 나의 무게의 합은
±0

제3부

2014. 4,

적도(赤道)의 달

적도(赤道) 가까이에서 우러른
밤하늘에는
별이 가깝다

밤하늘 우러러 본
적도(赤道)의 초생달은
'스마일'을 그리며
웃고 있었다

저 달도 나를 따라올까

새벽녘에도 달은
지지 않았다

상식(常識)을 초월한
적도의 달

포도밭의 하루

파랑새 노래하는
청포도 넝쿨 사이로
걸을 수도 있으리라 하며
포도밭 일을 시작한다

단둘이 손을 잡고
걸어 갈 공간은 없었다

앉은뱅이 걸음으로
포도알을 솎고
낙과(落果)를 줍는
고된 하루

잠시 주저앉아
지친 다리를 쉬는데

옹이가 박히고, 이리저리 뒤틀린
포도나무가
실(實)하고 좋은 열매를
키우고 있었다

※ 인용부분 : 옛 가요 「청포도 사랑」의 노랫말 일부.

까만 직선도로

내려다보면
까만 직선도로가 보인다

그 양쪽으로 늘어선
하얀 고층건물들이
밤에는
그 자리에 누워버린다

한낮에 그 거리에서
길을 잃고 뱅글뱅글
돌고 헤매던 그 길이……

밤이면
누군가의 구령에 맞춰
'차려,
열중 쉬어,
편히 쉬어'를 반복하다가
아침에 시치미 떼고 서 있다

까만 직선도로에는
밤낮으로 펼쳐지는
마스게임 공연이 펼쳐진다

뎀시 힐

주말이면 이곳 사람들이
노천(露天) 카페에 모여앉아
담소(談笑) 하는 곳

식료품 가게와 예술품 전시장
가구 전시 및 판매장이 있는 곳

그런데
브런치 가게 옆으로
숨겨진 듯 다소곳한 길이
나 있다

이 돌계단을 내려가 보면
아시아의 열대우림이 남아
숲의 진한 향기를 주고
워킹트리와 기생식물들이
어제 오늘 다르게 성장하고 있다

오전 내내 쏟아지던 억수같은 폭우가
오후 들어 사라지고 햇빛이 밝다
아직 여기저기 사람들 모여들고
카페 풍경은
불빛 속에 흔들리며
무르익고 있었다

※ 댐시 힐 : Singapore의 한 지역 이름.

너의 빈자리

알기 어려운 너의 속내를
짐작하여 보려고
빈 방 책장 앞에 마주한다

하늘처럼 먼 이국(異國)
몇 시간이면
달려갈 수 있는
시간의 만만함에도
절대 거리감은 어쩔 수 없다

회자정리(會者定離)를 왜 모를까마는
가슴 가운데 남아있는
그리움의 앙금이

별리(別離)의 장면에서도
눈물 젖지 않는다

어쩌면 너와 내가 이제
'시원섭섭'을
배우게 될까

스코올

사정없이 내려 쬐던
뙤약볕 앞을 막아서는
검은 구름 속에서
천둥 치고, 번개 번뜩이더니

새벽을 몰고 올 여명이
아직은 이른
한밤중에도 나타나서
민정 시찰 나오신 나랏님
수행원처럼

호통만 치고 가는
아열대성 스코올

※ 스코올 : 열대와 아열대 지방에 하루 한차례 이상 내리는
소나기.

녹아버릴 것 같은

머리 꼭대기에서부터
천천히
녹기 시작해서
발끝까지 녹는 데에
걸리는 시간은
찰라

주저앉으면 영원히
거기 붙어버릴 듯한
불볕

어지럼증의 시작은 모르나
늘 빙글빙글 도는 나는
회전의 축이다

아틀란티스의 별을 따라간 아이들

밤낮 없이
별을 좇다가

육안으로는 만날 수 없는
별

우리의 아이들이
세월호를 타고
무한의 세월 속으로 떠난 여행은
저 아틀란티스 대륙 위에 뜨는 별을
맞기 위함인가

지금도 지구의 곳곳에선
폼페이 최후의 날을 재연한다
우리가 사랑하는, 우리의 아이들이
아틀란티스의 별을 보고 있을까

생 떽쥐페리의 야간 비행과 말레이시아 항공 MH370편

레이다에서 사라진지 16분 만에
레이다에 잡힌 MH370편

생 떽쥐페리는 야간 비행중
어린 왕자를 보았다, 그리고
사라졌다
말레이시아 항공 MH370편도 어린 왕자를
본 것인가

달의 인력(引力)에 끌려
일시에 사라지는 버뮤다 삼각지
두 선장은
지금쯤 악수하고 있겠지

이율배반(二律背反)

이율배반은 변증법이다

너는 나를 따른다
아니, 나는 너를 따르지 않는다
그건
너와 내가 원처럼
둥글다는 것(?)

나는 너를 좋아한다
너는 나를 좋아하지 않는다

그러므로 우리는
같은 편이다

밤으로의 기인 여정(旅程)

낮에는 졸고 있다가
밤이면 눈 부릅뜨는 화차(火車)

깨어있는 순간들의
숨가쁜 화차(火車) 바퀴들의
서로 끌고 밀며
그 옛날 화차(火車)의 무거운 숨을
고르면서 헐떡인다

열차(列車)는 어디로 가는가

보아야 할 것보다
보여주어야 할 것들을 생각하는
화차(火車)의 그 열기(熱氣)

영원히 떠나가는
밤으로의 기인 여정(旅程)

배신(背信)

묻고 물어 모르는 길 찾아오라기
천천히 방향까지 짚어주겠다며
약속했다. 십년전 그 날에

목적지에 당도하니
엉뚱한 대답
- 그 사람 이야기 하지도 마시오
- 그런 사람 여기에 온 적도 없소
……
……

신문에서 보았다, 화려한
이벤트, 그리고 배신(背信)

내 안에 너를 돌아서게 한
그 단초(端初)가
내게 있을까?

그 후 몇 년·1
– 딸에게

밤도 낮도 흐리고
달빛도 엷고
밤과 비바람이
들을 휩쓴다

마당엔 서리 얹힌 꽃 피고
엄마의 마음이 쌓인
그 후 몇 년
나의 얼굴에 얹힌 살 주름
나의 육신(肉身)보다도
더 아픈
나의 분신(分身)

그 후 몇 년·2

– 아들에게

친구도 형제도
외면하고
두 볼 감싸쥔 채로
천년의 길 떠난
……
……
나의 길 그 몇 년
그
렇
게
그 몇 년 후
다시 내게로 온
반려자
나의 천사

비

나는 지금
절집 법당 한구석에
가부좌 틀고 목탁소리 듣고 있다\

빗소리처럼
차분히 울리는
금강경 독송 소리

어제 폭우가 쏟아지더니
바람은
남은 꽃들을 재촉하여
거두고
또 비 뿌리는 하늘

땅만 보고 빗방울을
센다

제4부

형안(炯眼)의 눈빛[眼光]

낙엽처럼 가볍게

어찌할거나
계절이 손짓하는 나뭇가지 꼭대기
떨어질 듯 매달린 잎새 하나가
내 가슴으로 지고 있다

차가운 하늘을 스치고 가는
바람 한 자락을 잡을 수 없는
얼어붙은 하늘

계절의 수레바퀴 앞에서는
모두가 낙엽이 된다

인간의 한살이든, 나무의 한 해든
무게를 견줄 일이 아니다
돌아가는 뒷모습을
낙엽처럼 가벼이 할 일이다

※ 한살이 : 일생(一生).

가을에

계절의 환승역 대칭점엔
마른 낙엽을 따라온
바람이 웅크리고 앉아있다

뜨거운 정열이 싸늘하게 식은
늦은 여름날의 뜨락에는
이별의 전주가 울린다

바람은 한겹 더 두꺼운 옷을 입고
울긋불긋 낯 붉히는 낙엽들은
이별의 손을 흔들고
레일도 없이 바람에 실려간다

이제 모닥불이 꺼지면
낙엽은 낙엽대로 제 갈길로 떠나고
얼굴 가득 우수에 젖은 지난 계절은
여문 곡식과 열매들에게
마지막 볕을 선사하고
계절의 철길로 달려갔다

계절의 환승역엔
차가운 비가 내리고
비에 젖은 내가 홀로 앉아있다

장마철 강변 풍경

장맛비가 흔들어 놓은
황톳빛 강물이
수런수런 흘러간다

오래된 수양버들이
짙은 초록의 물감을 풀어
죽죽 아래로 내려 긋고 있는
강변에는

길게 늘어난 수양버들 그림자가
초록을 뱉고 있다

어디선가
매미소리 쏟아지고
황톳빛 물속으로
자맥질하는 고층빌딩이
숨가쁘다

샛강다리

언제나 밟고 싶은 대지(大地)를
머리에 이고
물구나무 서서
시간을 거꾸로 매단 채
강물 향해 손짓한다

아슬아슬 중심을 가누며
허리 뼈마디를 굽힌
샛강다리

소곤소곤 밀담(密談)을 나누며
강을 지나가 버린다

새들 떼 지어 날며
먼 곳 가까운 곳 물어온 이야기도
들려준다

네온의 불빛에도 물들지 않고
흔들릴 듯 굳건하게 떠 있는
샛강다리

청령포에서

산길 굽이굽이 돌아가는
청령포를 끌어안고
굽이치며
흐르는 강

오백년을 변함없이
둘레에 감고 서서
울안을 들여다보는
관음상(觀音像)

그날의 한(恨)이 맺힌 듯
마디마디 삐져나와 꽂혀있고
왕방연처럼 주저앉아
소리 없이 울고 있는
청령포

12월의 달력 한 장

잎을 다 털고 난 나목처럼
빈 가지 끝
한 장 남은 잎새처럼

마지막 뜯어내야 할
12월 달력

한 장의 달력에는
지나간 열한 달의 시간들이
모두
저마다의 무게로
얹혀 있다

가버린 11월은
이미 돌아서서 먼 세월의 강으로
흘러가 버린다

한 해의 역사가
빼곡빼곡히 적혀 있는
12월의 달력 한 장

첨예(尖銳)의 시선(視線)

이쪽에서 저쪽의 거리는
매우 익숙하다

어느 때부터인가
지금에 이르는 시간 모두
그저 익숙하기만 했다

그러다가 우연히
같은 길을
저쪽에서 이쪽으로 걸을 때의
낯선 느낌

모두가 그랬다
내가 정해두었던 직선만의 시선

나는 방황했다
이 독선의 시선들

봄비의 서곡

이제 막 벙그는가 했는데
나뭇가지 아래로
하나씩 둘씩 추락하는 꽃잎들

꽃향기를 탐내던 봄비가
유리창에 무수한 보표를 그려 음표로 매달리고
지나는 바람이
슬쩍 와 마주하듯 들려주는
봄비의 서곡

젖은 대기(大氣)를 뚫고 날아오르던
새 한 마리

깃털이 젖는 줄도 모르고
봄날의 파적삼아 적요를 쪼고 있다

꽃들의 함성

한번쯤은
세상을 지배하고 싶은 욕망들이
온 산과 들에
무리지어 꽃으로 피었습니다

겨울이 봄을 데리고 왔다면
그 봄은 또 겨울을 포태하고
아직도 아쉬워
들판을 헤매는 매운 바람도
절벽같은 무심(無心)을
깨우고 있습니다

겨울 눈(雪)빛을 닮은
봄꽃들이 제 무게에 흔들릴 때마다
봄의 함성이 메아리 되어서 터지고 있습니다

얼음과도 같은 절망 너머로
꽃들의 함성에 묻힌
정오를 넘어선 봄날 오후에

이사

지난 시간만큼의 먼지를 뒤집어 쓴
오래 묵은 세간들
어느 구석에 쌓여 있다가
하나씩 둘씩
숨바꼭질하듯 나오고 있다

낯익고 손때 묻은 것들 속에는
낯선 물건도 있어서
조롱하듯 물끄러미 나를 올려다본다

무거운 짐을 지고
파도치는 나그네 길을 가고 있어도
마음은 가볍게 하려 하지만
다 놓고 가야하는 길인데
진정으로
비우고 가기는 어려운 걸까

언덕길에서

정수리에 따가운 햇살이 익는다
골목길 돌아 비탈진 언덕길을
손수레 뒤에
등 굽고 얼굴 검은 노파가
손수레에 온 힘을 모으고 있다

수레엔
낡은 종이상자와 폐지가 가득
무표정한 얼굴엔
접힌 폐지보다 깊게 팬 주름
안개 뚫고 온 세월 속으로
소금기 진한 바람 한바탕
노파의 얼굴을 스치고 지나간다

얼굴뿐인 시계

여섯시 오분에
멎어 있는 시계

다가가 마주서면
나를 보고 안녕!
마주보는 나도
여섯시 오분 전으로
안녕!

텅 빈 방
늘 마주보는 얼굴뿐인 시계와
벽에 걸린 둥근 거울

여름 해 기울어 무료한 날
마주보며
서로 여섯시 오분
여섯시 오분 전으로
인사를 나눈다
안녕!, 안녕!

새벽에 듣는 빗소리

발소리 죽여
나직나직이 속삭이며
걸어가는 빗소리

어제 한낮,
그리도 무더운 위상을 보여주던
태양(太陽)이

숨을 죽여
가만히 저 대지(大地)에 젖어드는
빗소리를
듣고 있다

※ 듣다 : 고어(古語)로 떨어지다, 현대어(現代語)로 문(聞).

플루 메리 꽃

무슨 진수식(進水式)에 나선
배[船] 이름 같은 꽃

머리에 꽂고
훌라춤 추던 여인의
귀걸이 같던 꽃

세월 지나
태평양 바다 건너
포트케닝파크에서의
조우

어디선가 꿀을 뿌리며
단내를 풍기는
분향(紛香) 같은
플루 메리 꽃

다섯 시의 변(辯)

새벽이 오기를 기다리던 나는
동터오는 다섯 시가 좋다

하지(夏至)가 아직도 먼
여름의 한쪽 끝자락에서
흔들릴 듯, 붙잡힐 듯
까만 어둠 속을
지키고 있던 불빛, 불빛……

새벽 다섯 시가 좋다
동지(冬至) 지나
길고 긴 밤 그 빛을 맞으러 갈 수 없는
갇힌 창 안에서 서성이던
조각난 시간들이
나아 함께 통통 튀어 다니던
비인 거실

나는
형안(炯眼)의 눈빛[眼光]으로
새벽을 맞으러
달려가고 있다

입만 남은 그대여

요즘은 어디서나
입만 발달되고
목청만 높은 괴물들의 홍수다

누가 그대들을 이런 형상으로
만들었을까

뭉크의 절규(絶叫)인양
두 귀를 막아버린 채
여기저기에 대고 마구
소리친다

그대여 고개 숙여
발밑을 보라
무수히 떨어져 구르는
그대들의 눈동자들을……

제5부

시집 평설

■ 시집 평설

양극화 시법, 정신 차원의 합일로 승화

박진환
(시인 · 문학평론가)

1. 前提

시법으로 쓰는 시와 시법 없이 타성으로 쓰는 시는 시의 격이 다르다. 전자는 현대기획이 말해주듯 기도되고 의도된 제작술이라는 기술에 의존, 시를 쓰는 경우가 되고, 후자는 관성적으로 잘 길들여진 버릇처럼 되풀이되는 시 쓰기 이상이 되어주지 못하기 때문이다.

모든 예술이 그러하듯 시도 매 시대마다 그 시대가 요구하는 바를 담아내는 용기(容器)로서의 역할을 각기 달리해 왔다. 여기에서 용기란 '새 술은 새 부대'에와 같이 단순히 부대로서의 의미보다 담아내고자 하는 주어진 시대정신과 함께 담아내는 새로움으로서의 형식을 의미하게 된다. 시대정신은 안에 담고, 시대의 모습을 외양을 밖으로 드러내는 두 기능을 함께 담당하는 것으로서의 역할을 용기가 담당하고 있다는 뜻이다.

이는 달리 시는 시법에 의해서 내용도 형식도 달리하게 된다는 뜻을 성립시킨다. 내용으로서의 그 시대가 담아내 주기를 희망하는 시대정신과, 그 정신을 보다 효과적이고도 설득력 있는 감동으로 받아들이게 하기 위해 동원한 레토릭으로서의 전달효과를 배가시키기 위한 시법의 역할은 전적으로 작시술이라는 기술에 의존하게 된다.

레토릭으로 불리우는 작시술은 어느 시대보다 21C의 시에서 더욱 강력히 요구되고 있다. 그것은 20C 시가 견고히 구축했던 모더니즘에 대한 반동으로 대두된 포스트모더니즘에 의해 탈구축이 자행됨으로써 모더니즘에 대한 해체에는 성공을 거두었다. 그러나 포스트모더니즘의 탈구축으로서의 해체는 구축의 해체에는 성공을 거두었으나 더 견고히 구축해야 할 새로운 결구력을 외면함으로써 해체의 한계를 극복하지 못한 채 좌절해버린 이즘에 머무르고 만 셈이 됐다.

여기에서 요구됐던 것이 탈구축이나 해체가 아닌 새로운 결구력의 요구였고 이는 19C적 관념과 20C적 사물의 합성이나 결합을 통해 새로이 탄생하는 새로운 시의 지평이었다.

랜섬은 이를 제3 유형의 시로 제시했고, 신비평이론의 시학의 여러 레토릭들은 여기에 봉사하는 시법으로 제시되기에 이르렀다. 그리고 그 근저에는 형이상시학의 시법을 대표했던 양극화나 컨시트를 비롯한 외연과 내포를 조화롭게 응축하는 힘으로서의 텐션을 시법으로 제기한 테이트나, 이질적 두 요소의 충돌을 통한 조화와 균형으로서의 포괄을 시법으로 제시했던 리처즈의 시법들의 제기는 예외 없이 해체돼버린 시의 질서에 새로운 균형과 조화를 부여, 새로운 시를 탄생시키고자 했던 것들로 보아줄 수 있다. 그리고 이러한 시법들은 프랑스의 료타르가 지적했던 것처럼 모더니즘을 마스터 했을 때 다가갈 수 있는 새로운 시의 지평을 열어가기 위한 시의 행보였다고 할 수 있다.

오늘의 시는 이러한 시법, 특히 형이상적 시법에 의존하게 됐고 그 때문에 양극화·컨시트·위트·펀·아이러니와 같은 다양한 레토릭의 구사를 요구하기에 이르렀다.

이러한 전제는 네 번째 시집이 되는 오석란 시인의 시집 『오석란 시집·II』의 메인 레토릭이 양극화와 양극화의 합일을 이끌어내는 컨시트의 시법에 의존되고 있다고 보여져 시법적 근거를 분명히 하고자 동원된 신비평시학 이론들이었다는 점을 밝히면서 시집으로 돌아가 보기로 한다.

2. 양극화 시법 돋보여

오석란 시인의 네 번째 시집 『오석란 시집 · II』에 즐겨 동원되고 있는 시법은 양극화 시법이다. 서로 상반되거나 상충되는 이질적인 두 요소의 병치를 통해 시적 긴장을 고조시켰다가 이를 기발한 컨시트를 통해 새로운 시적 질서로 합일시켜 이끌어냄으로써 긴장을 이완 내지 해소시켜 감동을 체험하게 해주는 양극화는 형이상시가 전매특허품으로 쓰던 컨시트의 산물이다.

일종의 순발력으로서의 위트와 재빠른 전환을 통한 질서의 혼돈, 그리하여 새 질서를 이끌어냄으로써 감동에 값하게 하는 양극화를 오석란 시인은 매우 즐겨 차용하고 있다.

시를 제시, 구체화했을 때 이해를 도울 것으로 보는데 양극화의 경우 두 경로의 상충 · 상반의 양극화로 이원화해 조명해볼 수 있을 것 같다.

첫째는 현상학적 양극화와 둘째는 정신적 양극화가 그것이다. 먼저 전자의 경우의 시부터 제시해 보기로 한다.

가) 좁은 틈새로 밖을 엿보는 규시벽(窺視癖)

세상의 바깥과 내면을 연결하는
유일한 창문으로
세상을 되도록 넓게 보려는
호연지기와 대로행을
실현하려던 꿈

따다가 놓은 과일도
며칠이면 시들시들하고 검은 점이 찍힌다
날로 시드는 육신에도
검은 점들이 생기니
원래 불량품이었나

맑았던 창이 흐려지더니
볼록렌즈 사이에 두고
세상을 좁게 보는
규시벽(窺視癖)이 되었다

나) 고도를 높여 얼마만큼 올라가면
지구의 상공에서
낙조를 본다

눈앞에 펼쳐진
최신 영화보다도
더 눈길 사로잡는
낙조

비행기에서 보는
눈물겹도록 아름다운 낙조가
황혼빛의 옷을 끌고 가는
마법사의 모습은
흑과 백으로 나누어 놓고
올라갈수록 짙어지는 푸르름

그리고
지구 표면에 짙게 깔린
어둠
나는 어두움의 일부일까

우리는 모두
빛의 지향점(指向點)을 쫓고 있다

다) 밀어도 밀리지 않고

당겨도 끌려오지 않는다

저기 절벽 같은 담장 앞에서
길을 잃은 군상(群像)들이
마주보는
유리 절벽

보려는 사람은 없어도
다 들여다보이는

- 중략 -

보아도 보는 것이 아닌
들어도 듣는 것이 아닌
유리 절벽 안과 밖의
절규

예시 가)는 「규시벽」, 나)는 「낙조를 보다」,의 각각 전문이고 다)는 일부가 생략된 「유리 절벽」의 전문이다. 예시마다 상반·상충의 양극성을 보여주고 있는데 예시 가)에서의 세상의 '바깥'과 '내면', '넓게 보려는'과 '좁게 보는' 등이 그러하다.

화자가 말해주듯이 세상의 바깥과 내면을 연결하는 통로는 '창문'이다. 그래서 창문의 개폐기능에 의해 세상은 닫혀졌다 열리기도 하고, 열렸다 닫혀지기도 한다. 화자는 이 창문을 통해 '세상을 되도록 넓게 보는', '호연지기와 대로행의 꿈'을 실현하고자 한다. 일종의 닫힌 공간에서 열린 공간으로의 지향이다. 그런데 시의 종연이 말해주듯 '밝았던 창이 흐려짐'으로써 '세상을 좁게 보는 규시벽'이 되고 만다.

이는 곧 화자의 정신 지양과 무관하지 않다. 열린 세계의 지향과는 달리 열린 세계의 수용에 실패함으로써 닫힌 공간의 내면에 칩거함을 보여주는 외적 세계와 내적 세계의 양면성을 보여주고 있기 때문이다. 그리고 이러한 양면성을 드러내 보여주는 것이 '바깥'과 '내면', '넓게 보기'와 '좁게 보기' 등의 양태로 드러나면서 종국에는 '열린 세상'과 '닫힌 세상'의 양극화를 노출하게 된다.

예시 나)에서의 비행기의 고도에 비례해 올라갈수록 '아름다운 낙조'와 그와 반대로 지구 표면에 짙게 깔린 '어둠'이나 '흑'과 '백' 등도 상충의 양극성의 것이다. 예시는 특별한 상황이나 상황이 말해주는 암시역 같은 것은 없다. 누구나 고공비행 중 체험할 수 있는 체험의 현상학적 일부다. 화자는 이를 재구성 함에서도 낙조의 아름다움과 지상의 어둠이라는 양극화를 통해 사물이나 대상을 조감하면서 이를 양극성의 상반·상충으로 대립시켜 보여줌으로써 화자의 시법이 형이상 시법을 즐겨 차용하고 있음을 말해주고 있다.

예시 다)도 예외가 아니다. 유리벽의 '안'과 '밖'을 통해 밖에 또 하나의 '절벽 같은 담장'을 둘러쳐 놓고 '밀어도 밀리지 않는', '당겨도 끌려오지 않는' 양면성과 '보려는 사람은 없어도', '다 들여다보이는' 양면성을 오버랩시킨다. 그리고는 '보아도 보이는 것이 아닌', '들어도 듣는 것이 아닌' 양면성을 상충시켜 의도적으로 긴장을 고조시킨다. 기실 이러한 풍경보는 화자의 내면과도 무관하지 않다고 보는데 이번에는 정신적 양극화의 시편을 보기로 한다.

가) 허망한 꿈과
냉철한 현실이
밤낮으로 교차되는 삶

붙잡아야 할 것이라는
잘못된 집착과
버리지 못하는 탐욕

처음엔 누구나 그랬을까

맑은 하늘을 이고서
뿌리는 진흙탕물에 내리고 있어도
꽃으로 피어 우아한 아름다움 주고
뿌리, 열매, 잎 그 어느 것도 남김없이
다 주는 연꽃

그 삶을 닮아가면
허망한 꿈도 버릴 수 있고
가진 것 없이도
나눌 수 있는 여유를 배우지 않을까

나) 찻잔 위에 감도는 차향처럼
아른거리며 찾아온다

거리에 스치는 무수한 발걸음들
쏟아지던 세찬 빗줄기도
지울 수 없다

때때로 거리를 울리는
사이렌 소리에 무너지는 정적
이 순간에도

머릿속 한 켠을 차지한 뚜렷한 기억들
서로 뒤엉켜 앞뒤를 가릴 수 없지만

문득
가슴 텅 빈 듯 허전한 날
어떤 기억에서 벗어나
산들바람처럼 가볍고 싶다

다) 나는 아주 많은 것들을 잃었다
버렸다

잃는 순간
내려 놓는 순간

더 크고
빛나는 것들을
가슴에 품을 수 있다

얻는 것과 잃는 것은
동의(同意)
이음어(異音語)다

예시 가)는 「버려야 얻는 것」, 나)는 「기억」, 그리고 다)는 「잃는 것이 얻는 것이다」의 각각 전문이다. 앞의 예시들이 삶의 현장에서 목도하거나 체험할 수 있는 것들을 통해 본 양극화라면 뒤의 예시들은 내면적이고도 정신적인 것들을 통해 제시된 내면 풍경보의 양극화 시편들이라 할 수 있다.

예시 가)에서 '허망한 꿈'과 '냉철한 현실', '잘못된 집착'과 '버리지 못하는 탐욕', 그리고 '가진 것 없어도', '나눌 수 있는 여유'가 보여주듯 정신적 깨달음이랄까, 각에서 발상된 양극성을 볼 수 있다. '꿈', '현실', '집착'과 '탐욕'을 버리고 살 수 있는 진흙탕물에 뿌리내리고 있는 연꽃의 삶 닮으면 가진 것 없이도 줄 수 있다는 선미적(禪味的) 각(覺)을 읽을 수 있게 하는데 정신 차원의 높이가 가늠되는 부분이다.

예시 나)에서도 '싸이렌 소리'와 '정적', 뒤엉키는 기억의 '앞'과 '뒤', 그리고 갇힌 기억의 '무게'에서 벗어남으로써 '가벼워'지고자 하는 양면성들은 다 정신적 체험에서 얻어진 '지님'과 '비움', '무거움'과 '가벼움'의 해탈을 통해 기억의 무게에 짓눌려 있는 자아의 해방을 추구하는 정신적 내면 풍경의 한 단면을 보여주고 있다고 할 수 있다.

그리고 예시 다)는 제목에서 볼 수 있듯이 '잃는 것이 얻는 것'이라는 상반의 것이 말해주는 반상합도(反常合道)와 같은 불교적 초월의 교의와도 맥을 같이하고 있다. 시행이나 시어가 말해주듯이 '잃고', '버리고', '내려 놓았을 때' '더 크고/빛나는 것을/가슴에 품을 수 있다'는 진술이 말해주는 버려야 채울 수 있고, 채우면 비운다는 비유비무(非有非無)와 같은 얻고 잃음이 '동의'라는 정신 차원을 읽게 해주고 있다.

이상의 지적들은 시를 통해 본 현상학적이고도 내면적인 화자의 두 시선을 통한 양극화를 읽을 수 있거니와 이를 하나로 합일시키는 양극화의 극복이나 초월이 단순한 순발력으로서의 컨시트에 있지 않고 종교적 승화의 합일을 획득하고 있다는 점을 간과해서는 안 될 것으로 보여진다. 다음 예시는 이를 보다 극명히 말해주고 있다.

그는 나날이 배가 나오고
나는 나날이 여위어 간다
그와 나의 무게의 합은
±0

예시는 「질량불변의 법칙」의 전문이거니와 배가 '나오고' 반대로 '야위어 가고'의 상반의 양극성이 가벼움과 무거움의 계량을 넘어선 ±0으로 합일됨으로써 자타불이(自他不二)의 경지랄까, 상식으론 어긋나나 도에서는 진실이 되는 정신 차원의 높이에서나 가능한 합일의 경지를 보여주고 있다.

이를 달리 지적하면 오석란 시인의 시가 단순히 레토릭으로서만이 아닌 정신 구도와도 합치돼 현실적·정신적, 상충·상반의 양극성의 것들을 종교적 승화로 합일시켜 주는 또 다른 정신 차원의 형이상적 시를 보여주고 있다는 것이 된다.

이쯤에서 결론을 제시해도 될 듯싶다.

3. 결어

오석란 시인의 네 번째 시집 『오석란 시집·II』는 레토릭으로는 형이상 시법인 양극화를 즐겨 차용하고 있고 이를 통해 양극성의 대립·갈등의 것들을 정신 차원으로 이끌어 올려 종교적 승화 경지로 합일시켜 준다는 점에 결론은 모아질 것으로 본다.

다시 말해 형이상적 방법론과 형이상적 정신 지향이 하나로 합치되는 오석란 시인만의 유니크한 시를 탄생시키고 있다는 점을 결론으로 제시할 수 있을 것으로 본다.

•

오석란 시인의 호는 知修로 서울에서 성장하였으며 성신여자대학교 박사과정을 수료하였다. 1970년 제1회 오석란 시화전(서울신문회관)을 열었다. 제1시집 『아직 별뜨기 전』이 미당 선생 추천을 받아 출간됐다. 1973년 한문교사자격증 취득(서울대학교병설 임시교원양성소), 1980년 1급 정교사자격증 취득(서울대 대학원 주관), 국어학회지에 제1회 비교언어학 논문 게재(허웅교수 지도 석사논문)하였다. 2000년 『조선문학』에 시가 당선되었다. 현재 한글학회 · 국어국문학회 회원이며 형상21문학회 · 풍시조문인회 멤버로 활동하고 있다. 시집에 『아직 별뜨기 전』, 『오석란 시집』, 『오석란 시집 · II』와 2인 시집 『단독자 시대의 동행』이 있다.

•

오석란 시집 · II

2014년 5월 10일 인쇄
2014년 5월 20일 발행

지은이 / 오석란
발행인 / 박진환
펴낸곳 / 조선문학사
등록번호 / 1-2733
주소 / 120-853 서울 서대문구 통일로 389(홍제동)
대표전화 / 02-730-2255
팩스 / 02-723-9373

ISBN 978-89-98115-47-0

정가 10,000원